Canchons et cafougnettes
(Ternoise chti)

Du même auteur*

Certaines œuvres sont connues sous différents titres.

Romans

La Faute à Souchon : (Le roman du show-biz et de la sagesse)
Quand les familles sans toit sont entrées dans les maisons fermées
Liberté j'ignorais tant de Toi (Libertés d'avant l'an 2000)
Viré, viré, viré, même viré du Rmi !
Ils ne sont pas intervenus (Peut-être un roman autobiographique)

Théâtre

Neuf femmes et la star
Les secrets de maître Pierre, notaire de campagne
Ça magouille aux assurances
Chanteur, écrivain : même cirque
Deux sœurs et un contrôle fiscal
Amour, sud et chansons
Pourquoi est-il venu :
Aventures d'écrivains régionaux
Avant les élections présidentielles
Scènes de campagne, scènes du Quercy
Blaise Pascal serait webmaster
Trois femmes et un Amour
J'avais 25 ans
« Révélations » sur « les apparitions d'Astaffort » Jacques Brel Francis Cabrel

Théâtre pour troupes d'enfants

La fille aux 200 doudous
Les filles en profitent
Révélations sur la disparition du père Noël
Le lion l'autruche et le renard,
Mertilou prépare l'été
Nous n'irons plus au restaurant

* extrait du catalogue, voir page 29

Stéphane Ternoise

Canchons et cafougnettes
(Ternoise chti)

Edition revue en novembre 2013 lors de sortie en papier.
Livre papier : http://www.livrepapier.com
Livre pixels : http://www.livrepixels.com

Jean-Luc PETIT Editeur / livrepapier.com

Stéphane Ternoise
versant
théâtre :

http://www.**dramaturge**.fr

Tout simplement et logiquement !

Stéphane Ternoise

Canchons et cafougnettes
(Ternoise chti)

Valhuon

Min patois i plairo pas à tout l'monte : é m'n'écriture alle est pas sortie é d'chés manuels chti, é m'n'écriture ché ch'elle del rue.

Ché chti d'min coin i s'avotent pas é dictionnaire. Nou patoué l'éto vocal : ein parlo ; ou putôt, é z'autes i parlotent et mi j'écouto, d'abord car j'éto trop jaune pour ayoir droué é d'parler à tape pi insuite car j'me su mi à parler ein français.

A six ans el maîtresse a ma obligé à parler ein français.

A l'école, quind ch'parlo ein paoué, al feso comme chi al compreno pas, alors é ch'mi su mi.

Jo parfoué écrit que ch'français, chavo été eine langue étrangère, au début, pour mi.

Jusqu'à six ans, autour é d'mi, tout l'monte i parlo patoué, ein mélanche é d'patoué et d'français populaire.

Ja été é ch'premier jaune de ch'villache a obtenir mein bac pi mein BTS.

Pourtant é chu pas né ein 1929 mais ein 1968. J'viens din p'tit villache à quarante kilomètes d'Arras, é chef lieu du Pas-d'Calais.

Je suis devenu écrivain. J'ai écrit quelques textes de chansons en chti, pour Pierre Galliez, compositeur interprète, qui n'a malheureusement pas eu la possibilité de sortir un CD dont la maquette existe.

Puis d'autres textes destinés à la chanson, des histoires, des sketchs.
D'où *Canchons et cafougnettes (Ternoise chti)*

Min patois i plairo pas à tout l'monte : ch'ti quié pas contint yo qu'à pas aquater min bouquin.

Y'o aussi un site : http://www.chti.es et même un deuxième http://www.chtimi.be si o préférez éche côté belche qu'in o aussi ein nous.

Canchons

Comme un écrivain indépendant

Ché pu del l'ieau

I zont mis d'l'ingrais
Dins tous chez camps
I zont eu du rend'ment
Savaient pu quoi faire é d'le blé
Et as t'heure i s'étonnent
Que l'fontaine
Al piche des nitrates
I miritrotent un coup d'savate

Ché pu del l'ieau
Même ché vieau
Faudro z 'abreuver au pinard
Mi dins min Ricard
J'in mets les trois quarts
Ché pu del l'ieau
Ché du toxique
In é berniques

Des pesticides
Su tout ch'qui pousse
I passent tous les tros jours
Ché puch'rons zont pu l'temps d'faire
l'amour
E ti té t'étonne
Que j'ri jaune
Va pas dire qu'ché l' bière
Qui nous fait choper du cancer

Ché pu del l'ieau
Même ches vieau
Faudro z 'abreuver au pinard
Mi dins min Ricard
J'in mets les trois quarts

Ché pu del l'ieau
Ché du toxique
In é berniques

É ch'ti Léon et chés salariés

é ch'ti Léon
i né mort
deine indigestion
yé to allé déhors
au d'sus d'sin gueulton
alors compte pas su mi
é ch t'après-midi
compte pas su mi
é ch t'après-midi

salarié salarié
in dois bosser aussi
é z ' après-midi
salarié salarié
in dois bosser aussi
é z ' après-midi

é ch' carillon
sonne six heures
j'crois qu' min roupillon
m'a r' gonflé mes poumons
tant pis si ch' patron
y'a pris un stagiaire
ou intérimaire
é ch'ti Léon
yé din ch' cimetière

salarié salarié
in dois bosser aussi
é z ' après-midi
salarié salarié
in dois bosser aussi

15

é z ' après-midi
é ch'ti Léon
i né mort
deine indigestion
yé to allé déhors
au d'sus d'sin gueulton
alors faudra ti faire
à mes z' horaires
i m'a viré
comme un sal à rié

salarié salarié
in dois bosser aussi
é z ' après-midi
salarié salarié
in dois bosser aussi
é z ' après-midi

Vinguette

Této toute
Et té pu rin
Quo qut'es veux qu'j'ajoute
J'éto jaloux comme un fou
Asteur j'm'in fout

Vinguette
Té va m' lâcher
Léche-me gincher
Jo l'âche é d'mamuser
Vinguette
J'suis un amusette

Pu invie
é tés câlins
Ché cille cha el vie
J'véyo aveuc ti l'av'nir
Té qu'un souv'nir

Vinguette
Té va m' lâcher
Léche-me gincher
Jo l'âche é d'mamuser
Vinguette
J'suis un amusette

Fo in finir
Sans cinéma
Adieu on va s'dire
Pas b'soin d'ameuter ch'quartier
Ché terminé

Vinguette
Té va m' lâcher
Léche-me gincher
Jo l'âche é d'mamuser
Vinguette
J'suis un amusette

Brad'rie à romances

An y'a dit
E d'main j'vos à l'brad'rie
E d'main i f'ra bieau
Mets tin capieau
Et ché là-bas quis sont r'vus
In za pas vu gramint
Dins ches rues

Des romances de ch't'acabit
Y'in a des douzaines
Din ch'voisinache
Cha dure souvint qu'eine quinzaine
Quind dit dit ouais
Ché pu comme in 1906

Al a dit
J'dos rintrer à minuit
Li il a souri
Et ch'ta huit heures
Chéto huit heures du matin
Qu'eine femme se reveilla
Ouais eine femme

Des romances de ch't'acabit
Y'in a des douzaines
Din ch'voisinache
Cha dure souvint qu'eine quinzaine
Quind dit dit ouais
Ché pu comme in 1906

Al sourti
Al l'imbrasse dit merci
Ché qu'eine babiole
Al ein raffole
I font un tour é d'manéche
Et pis i s » dépêchent
On zé lèche

Des romances de ch't'acabit
Y'in a des douzaines
Din ch'voisinache
Cha dure souvint qu'eine quinzaine
Quind dit dit ouais
Ché pu comme in 1906

D' bout

Même si té m'dis
Qu'tout cha ché qu'des conn'ries
Même si pour ti
Quet part il est écrit
Qu'in s'print su sin net
Dès qu'in s'démène sans s'écraser

Refrain :
J'vo essayer quind même
J'va tout miser
Su min toupet
Ché portes fermées
J'sauro zé contourner
J'vo essayer quind même
Et p'tête qu'in m'vayant d'bout
Un peu moins vivront à g'noux
Un peu moins vivront à bout
Un peu moins vivront à g'noux

Même si in é
Toudis in peu suspect
Qu'in s'fait r'marquer
Quind in sait répliquer
Quind in fait d'l'humour
Qu'in é pas dupe é d'leux discours

J'vo essayer quind même
J'va tout miser
Su min toupet
Ché portes fermées
J'sauro zé contourner

J'vo essayer quind même
Et p'tête qu'in m'vayant d'bout
Un peu moins vivront à g'noux
Un peu moins vivront à bout
Un peu moins vivront à g'noux

Même si l'radio
Al pale avec d'autes mots
Même si l'télé
Al veut du formaté
Même si chés journaux
Le faut des photos d'abdos oh

J'vo essayer quind même
J'va tout miser
Su min toupet
Ché portes fermées
J'sauro zé contourner
J'vo essayer quind même
Et p'tête qu'in m'vayant d'bout
Un peu moins vivront à g'noux
Un peu moins vivront à bout
Un peu moins vivront à g'noux

El barbe de ch'père Noël

Phase 1 :
Ché pas pace qu'il est vi-u
Qu'il a eine barbe blanque
Nou père Noël

Phase 2 :
Cha s'est <u>déroulé</u> un diminche
Yéto parti chez c'bon Dieu
Profitant qué l'lune éto belle

Y a voulu printe é s'revanche
A un jeu joué qu'din ché cieux
Intre Saturne et ch'Soleil

Mais y'o perdu toutes ché manches
In colère y'a maudit Lao-Tseu
Arbitre de ch'divin duel

« T'es trop prétintieux »
N'y'a répondu l'bon Dieu
Comme t'es queu tin nez din l'neiche
Té gard'ras eine barbe blanque
Si té préfères eine barbe beige
Viens printe é t'revanche
Mais Si té qué dins ché cieux
T'auraus eine barbe bleue
Si té qué dins z'œufs
Té s'ras incore pus étrange
T'auras une barbe orange

Phase 1 :
Ché pas pace qu'il est vi-u
Qu'il a eine barbe blanque
Nou père Noël

Phase 2 :
Cha s'est déroulé un diminche
Yéto parti chez c'bon Dieu
Profitant qué l'lune éto belle

Y a voulu printe é s'revanche
A un jeu joué qu'din ché cieux
Intre Saturne et ch'Soleil

Mais y'o perdu toutes ché manches
In colère y'a maudit Lao-Tseu
Arbitre de ch'divin duel

« T'es trop prétintieux »
N'y'a répondu l'bon Dieu
Comme t'es queu tin nez din l'neiche
Té gard'ras eine barbe blanque
Si té préfères eine barbe beige
Viens printe é t'revanche
Mais Si té qué dins ché cieux
T'auraus eine barbe bleue
Si té qué dins z'œufs
Té s'ras incore pus étrange
T'auras une barbe orange

Ché glaines municipales

Ché raison'mins les plus logiques
Z'élus aux manettes
Zé prétintent loufoques
Pourtant rien qu'eine miette é d'bon
sens
S'raient l'baguette magique

ché à nous d'payer
pour tous ché déchets
déchets alimentaires
dont ein n'sait que faire
qui faut bien détruire
vu qu'un n'peut tout infouir

pendant ch'temps là
din nos magazins
in vint pour quasimin rien
des œufs qu'une poule sinsière
n'os'rait nous sortir
é d'si p'tiot derrière

Ché raison'mins les plus logiques
Z'élus aux manettes
Zé prétintent loufoques
Pourtant rien qu'eine miette é d'bon
sens
S'raient l'baguette magique

J'réclame ein décret
A ch'gouvernemin
Pou qu'in puisse dés d'min

Organiser un grand bal
A tout l'monde présenter
Ché glaines municipales

Ché raison'mins les plus logiques
Z'élus aux manettes
Zé prétintent loufoques
Pourtant rien qu'eine miette é d'bon
sens
S'raient l'baguette magique

Ché restes é d'salates
Ché restes é d'grillates
Tout iro à l'brigate
D ' ché glaines municipales
Tout s'ro r'cyclé
Pu b'soin tout crâmer

Ché raison'mins les plus logiques
Z'élus aux manettes
Zé prétintent loufoques
Pourtant rien qu'eine miette é d'bon
sens
S'raient l'baguette magique

Où t'es vas s'installer
Qu'on ma d'mandé
Bin din ché commissariats
Doit bien n'y'aouard un local
Où ché r'nard touch'ront pas
A ché glaines municipales

Ché raison'mins les plus logiques

Z'élus aux manettes
Zé prétintent loufoques
Pourtant rien qu'eine miette é d'bon
sens
S'raient l'baguette magique

J'réclame ein décret
A ch'gouvernemin
Pou qu'in puisse dés d'min
Organiser un grand bal
A tout l'monde présenter
Ché glaines municipales

Ché raison'mins les plus logiques
Z'élus aux manettes
Zé prétintent loufoques
Pourtant rien qu'eine miette é d'bon
sens
S'raient l'baguette magique

Ché Noël

Quind ché cloches al carillon'ront minuit
in quantra du Tino Rossi
au moins un couplet et ch'refrain
tant pis si ya un cousin
pour dire qu'ché qu'des conn'ries
« tais-te t'as été jaune aussi »

Refrain : ché Noël
in voit sortir d'ché ruelles
des hommes à barpe blanque
des cadeaux din leu manche
ché Noël
in admire din ché magazins
des mantiaux rouches intourés d'gamins

In sait qu'cha sert que dalle delle
nostalgie
Pourtant in s'souvient de ch'premier
Ech premier qui nous a marqué
Même qu'in voulo l'vir in peu
In o bré din nos pieu
In n'avo pas dormi del nuit

Ché Noël
in voit sortir d'ché ruelles
des hommes à barpe blanque
des cadeaux din leu manche
ché Noël
in admire din ché magazins
des mantiaux rouches intourés d'gamins

Qu'in soit un gros salaire ou RMI
In veut s'prime in dit droit acquis
L'sam'di in j'éch't'ra din ch'caddie
Tin pi si cha leu plait pas
Quind in r'çoit in dit merci
Pi in ajoute kéke blabla

Refrain : ché Noël
in voit sortir d'ché ruelles
des hommes à barpe blanque
des cadeaux din leu manche
ché Noël
in admire din ché magazins
des mantiaux rouches intourés d'gamins

In va sin gaver pour au moins quate
jours
S'amuser dire des calembours
Si in é ché z'invités
In pions'ra su ch'canapé
Faut bien eine nuit pour dessaouler

Ché Noël
in voit sortir d'ché ruelles
des hommes à barpe blanque
des cadeaux din leu manche
ché Noël
in admire din ché magazins
des mantiaux rouches intourés d'gamins

Ed' bout

Même si té m'dis
Qu'tout cha ché qu'des conn'ries
Même si pou ti
Quet part il est écrit
Qu'in s'print su sin net
Dès qu'in s'démène sans s'écraser

J'vo essayer quind même
J'va tout miser
Su min toupet
Ché portes fermées
J'sauro zé contourner
J'vo essayer quind même
Et p'tête qu'in m'vayant d'bout
Un peu moins vivront à g'noux
Un peu moins vivront à bout
Un peu moins vivront à g'noux

Même si in é
Toudis in peu suspect
Qu'in s'fait r'marquer
Quind in sait répliquer
Quind in fait d'l'humour
Qu'in é pas dupe é d'leux discours

J'vo essayer quind même
J'va tout miser
Su min toupet
Ché portes fermées
J'sauro zé contourner
J'vo essayer quind même

Et p'tête qu'in m'vayant d'bout
Un peu moins vivront à g'noux
Un peu moins vivront à bout
Un peu moins vivront à g'noux

Même si l'radio
Al pale avec d'autes mots
Même si l'télé
Al veut du formaté
Même si ches journaux
Le faut des photos d'abdos oh

Sacré Dany mervelle

Chés biloutes leux soirs é Néël
I s'ront pu jamais comme awant
El bonheur nous é keu du ciel
In éto é d'vant ch'grand écran
Ech nord ché to pu del misère
Mais nou terre comme in la querre

Sacré Dany mervelle
Ché ti nou père Néël
Té nou a rindu nou fierté
In é pu l'pays condamné

In nous diso d'partir
Quichi y'avo pas d'av'nir
Ti t'as su rimer nos corons
Montrer l'âme é nou régions

Chés biloutes veulent tous printe el
relèfe
Té ch'grand frangin toudis rêvé
Redis le nou qu'tout cha ché possipe
Quin peut tous y arriver

Sacré Dany mervelle
Ché ti nou père Néël
Té nou a rindu nou fierté
In é pu ch'pays condamné

El cassette in va s'lar passer
Ché pu biau qu'leux commandos
Même chés jonnes sont transformés
I veulent du vrai chti in cados

In s'ra tous allés à ch'l'églisse
El messe in ch'ti ché nou délice
Dany quind té r'pass'ro din chés
paraches
Viens faire un tour al mason
Ch'té racontro quéques cafouniettes de
ch'villache
Pi in vid'ro in canon

Sacré Dany mervelle
Ché ti nou père Néël
Té nou a rindu nou fierté
In é pu ch'pays condamné

Sacré Dany merveille

Parodie de chanson.
Déposée ainsi à la sacem.

Œuvre originale : PETIT PAPA NOEL
Compositeur MARTINET Henri
Auteur VINCY RAYMOND
Editeur ESCHIG CIE
Code ISWC T-003.014.025.03.07

El progrès et chès vi-us

Chés vi-us
Si in pouvo
aller leu dire
Que d'leux terris
I zont fait des pistes de ski
Ché vi-us i nin croirotent pas leus
oreilles
I nou armontrotent les bretelles

T'es maboul !
T'as bu trop d'bistouls
Té miritro eine torgnole
Avec tes fariboles
Quiquin arrête tin barratin

Ché vi-us
Si in pouvo
Aller leu dire
é qu'nous carbon
i sort pu é nou coron
qui nous arrife par batiaux d'éché chinos
et qu'aveuc in a toudis frod

T'es maboul !
T'as bu trop d'bistouls
Té miritro eine torgnole
Avec tes fariboles
Quiquin arrête tin barratin

Ché vi-us
Si in pouvo

Zé vir s'assir
Qui puchent cujir
Inte six chint chaîne é télé
I, l'app'l'rêtent satanette el fenête
E prindrettent el poutent d'escampette

T'es maboul !
T'as bu trop d'bistouls
Té miritro eine torgnole
Avec tes fariboles
Quiquin arrête tin barratin

Eine dernière bière

Juste eine dernière
Juste eine bonne bière
Intre copains
Ché comme cha quin sin bien

Ché nou dernière
In l'lèche pas querre
In a du qu'min
Tin gardra eine pou d'main

D'elle bière
Ché nou tradition
In est fiers
É nou houblon
Vos brevaches pas clairs
Del mondialisation
Nou in za pas querres

Ch' bistrot du coin
In s'y sin bien
Y'a delle bonne bière
Ch' patron i nous a querre

In voit d' zétiles
In hisse nos voiles
In est in guince
Ches femmes cha les agaces

D'elle bière
Ché nou tradition
In est fiers

É nou houblon
Vos brevaches pas clairs
Del mondialisation
Nou in za pas querres

D'elle bière
Ché nou tradition
In est fiers
É nou houblon
Vos brevaches pas clairs
Del mondialisation
Nou in za pas querres

Ché goques

Navo un tombro su ch'lape
Des goques Des goques
Chéto fin septempe
Din pa même troué quinzaine
Qu'al devote quère
In s'pourlécho les babines

Fallo ti buter ch'lécureuil
Ou d'ché goques faire son deuil
Fallo ti buter ch'lécureuil
Ou d'ché goques faire son deuil

Navo ein pagaille su ch'lape
Des goques Des goques
Mais douzaines par douzaines
Al disparéchottent
No mavaudeur avo
Sé heures é d'visites

Fallo ti buter ch'lécureuil
Ou d'ché goques faire son deuil
Fallo ti buter ch'lécureuil
Ou d'ché goques faire son deuil

I navo moins su ch'lape
Des goques Des goques
Din ch'l'herpe in zé compto
Ché coquilles avec un tro
Tin pinses quoué d'lécureuillicide

Fallo ti buter ch'lécureuil

Ou d'ché goques faire son deuil
Fallo ti buter ch'lécureuil
Ou d'ché goques faire son deuil

Su ch'grand ape é d'ché vouézins
Bin pardi E'd même
I passo chaque matin
Ché des gins qu'y'on des armes
Gueulérent d'le balcon
In o sauvé l'saison

Fallo ti buter ch'lécureuil
Ou d'ché goques faire son deuil
Fallo ti buter ch'lécureuil
Ou d'ché goques faire son deuil

Ouais des goques in nauro
Mais pas l'cœur pour l'apéro

Anti-cafard chti

In a pas b'soin d'faire vénir
Del CC d'Colombie
Nou cafard
Nou désespoir
Ein l'soigne au comptoir
Ici y'a des brass'ries
Y'a du houblon
Ein est fier é d'nous bruit d'fond
Ché des chopes et du rire

In va pas sniffer
In va s'piquer
In va juste picoller
In consomme local
Dins nos bistrots
Où l'mousse coule à flots
Y'a pas d'dealers
Y'a qu'des p'tits malheurs

In a pas b'soin d'ecstasy
In s'print un cornet d' frites
Eine liqueur qui armue l'cœur
Et r'v'la l'bonne humeur
In n'a aucun mérite
Ché ch'te quémin
Qu'ché viux moutent à ches gamins
Ché nou école d'la vie

In va pas sniffer
In va s'piquer
In va juste picoller

In consomme local
Dins nos bistrots
Où l'mousse coule à flots
Y'a pas d'dealers
Y'a qu'des p'tits malheurs

In va pas sniffer
In va s'piquer
In va juste picoller
In consomme local
Dins nos bistrots
Où l'mousse coule à flots
Y'a pas d'dealers
Y'a qu'des p'tits malheurs

El pleufe et ches d'mis

Bin ouais i pleut
J'vois dins t'mine cha t'dégoûte
J'vais t'dire nou secret min loute
El pleufe al trimpe é qu'ches couillons
Nou in passe intre ches gouttes
El pleufe al qué pas à sillons
Al cugi toudis s'route

Si té sais pas éviter ches gouttes
T'es comprindra jamais rin à nou pays
Soit té r'prin t 'n'autoroute
Ou t'es viens trinquer aveuc mi
Faut del mousse
Faut del mousse

Bin ouais i pleut
Mais té sais qu'su nous terris
I zont fait des pistes de ski
Asteur in sait tous slalommer
Et core mi-u après minuit
Ches gouttes i suffit d'leu parler
Mais faut vider ses d'mis

Si té sais pas éviter ches gouttes
T'es comprindra jamais rin à nou pays
Soit té r'prin t 'n'autoroute
Ou t'es viens trinquer aveuc mi
Faut del mousse
Faut del mousse

Bin ouais i pleut
I ké même des tomb'reau d'neiche
El pleufe al trimpe é qu'ches couillons
Mets du houblon din t'caboche
Ché pou mi'z'aute é ch'l'addition
Ai du cœur à l'ouvrache

Si té sais pas éviter ches *gouttes*
T'es comprindra jamais rin à nou pays
Soit té r'prin t 'n'autoroute
Ou t'es viens trinquer aveuc mi
Faut del mousse
Faut del mousse

Tiens bon biloute

T'es juste bon
Qu'à porter des cartons
Qui t'a dit ch'patron
T'as bin fait d'pas t'énerver
Cha sert à rien d'cogner

Tiens bon biloute
T'es verra su t'route
Y'a plus é t'pavés
Que d'samedis à guincher
Tiens bon biloute
Mets eine bière su tes doutes
Tiens bon biloute

Déloqu'té
Apprint à t'habiller
Et al t'a plaqué
Al partira à Paris
Ché qu'eine coquette j'te l'dis

Tiens bon biloute
T'es verra su t'route
Y'a plus é t'pavés
Que d'samedis à guincher
Tiens bon biloute
Mets eine bière su tes doutes
Tiens bon biloute

Té su l'touche
Té sais bien qu't'in pied gauche
Nous rappelle Leclerc
Mais ché tin p'tit caractère
Qui n'a pas l'air d'leu plaire

Tiens bon biloute
T'es verra su t'route
Y'a plus é t'pavés
Que d'samedis à guincher
Tiens bon biloute
Mets eine bière su tes doutes
Tiens bon biloute

El belle bicoque

El belle bicoque din ch'biau quartier
Sine-là pou ch'prêt to dit ch'banquier
At t'félicite et t'belle dame
Comme ach premier jour al t'embrasse
Comme awant elle t'inlace

Ché bourgeoises quéquefois...
s'embrasent

Refrain :
El belle bicoque din ch'biau quartier
Et ché cadeaux d'ché Cartier
Ché l'vie dont i zon invie
Ché l'invie d'le p'tite vie

El belle bicoque din ch'biau quartier
Si té sine té t'ratatine
Trente années d'sacrifices
Pour qu'un jour un p'tiot fils
Arvinte ché ruines

Vos belles bicoques... ché qu'du mortier

Refrain :
El belle bicoque din ch'biau quartier
Et ché cadeaux d'ché Cartier
Ché l'vie dont i zon invie
Ché l'invie d'le p'tite vie

El belle bicoque din ch'biau quartier
Ichi t'es sais pou l'même prix

Ché un quatiau avec enclos
Et pou nett'min moins, d'vine
T'as l'bicoque et l'piscine

Ichi l'vie... ché moins ker qu'à Paris

El belle bicoque din ch'biau quartier
Et ché cadeaux d'ché cartier
Ché pas l'vie dont jo invie
Ché pas l'vie dont jo invie

É t'quoi in spaint

é t'quoi in spaint
alors quin est d' z'humains
in oro pu êtes
ék des tiens
ou bin pire des souris
terminer no étape
sous eine trappe
tout cha a causse
d'un morciau d'pain
ou d'un fromache
sintait pas bon ch' fromache

Ché quind même bin d'être humain
et d'saoir qu'après aujourd'hui
qu'après minuit
in va ête é d'main
et' povoir quanger
d'nez
d'idées
é même ed' député

é t'quoi in spaint
alors quin est d' z'humains
in oro pu êtes
ek dès cats
ou bin pire des perdrix
attindues pa ches cacheux
a ch'camp d'maïs
in vole pi in gliche
du plomb dins l'aile
36 chandelles
in verra pas ch'père noël

Ché quind même bin d'être humain
et d'saoir qu'après aujourd'hui
qu'après minuit
in va ête é d'main
et' povoir quanger
d'nez
d'idées
é même ed' député

é t'quoi in spaint
alors quin est d' z'humains
in oro pu êtes
bicyclettes
parait qu'ché qu'des atomes
qui font qu'té d'vient un homme
ou in gueunon
ou qu'té un papon
ou bin même
eine bicyclette
qui roule déboule et rouille

Ché quind même bin d'être humain
et d'saoir qu'après aujourd'hui
qu'après minuit
in va ête é d'main
et' povoir quanger
d'nez
d'idées
é même ed' député

Quanter

Té tourne in rond
Té sait pas à quoi t'mete
Té ravisse pa l'fenete
Té ravisse é ch'termomette
Té compte même té dettes

Té tourne in rond
Té sais pas à quoi t'mete
Y'a bien eine pétite quanchon
Qui gigote douch'min dins t'tête
Mais t'osse pas t'lacher

"*Quanter*
Quanter
Quind tin tourne in rond
Ché souvin l'solution
Quanter
Quanter
I suffit d'un refrain
E in sin bien
I suffit d'trois couplets
pou *s'involer*
Quanter
Quanter
Ché souvin l'solution
Quind tin tourne in rond"

Té tourne in rond
Tin veut même à ch'pauf tien
E d'pas ayoir ein idée
Pou égayer nos journées
T'impecher t'sombrer

Té tourne in rond
Té sait pas à quoi t'mete
T'a éteint l'télévision
Marre é ches marioles qui prennent
Chés gins pou des cons

"*Quanter*
Quanter
Quind tin tourne in rond
Ché souvin l'solution
Quanter
Quanter
I suffit d'un refrain
E in sin bien
I suffit d'trois couplets
pou *s'involer*
Quanter
Quanter
Ché souvin l'solution
Quind tin tourne in rond"

Té tourne in rond
Té sait pas à quoi t'mete
Té ravisse pa l'fenete
Té ravisse é ch'termomette
Té compte même té dettes

intre tes doués
t'ssaye sans les cramer
é ténir eine alleumette
in peut pas dire é qu'cha vo
din tin siboulo

"Quanter
Quanter
Quind tin tourne in rond
Ché souvin l'solution
Quanter
Quanter
I suffit d'un refrain
E in sin bien
I suffit d'trois couplets
pou s'involer
Quanter
Quanter
Ché souvin l'solution
Quind tin tourne in rond"

Éne bier

éne bière
A ch'bistrot du coin
Just' éne bonne bière
pou és sintit bien
intre copains

éne bière
ein n'in prindra qu'éne
cha s'déguste
Parce qu'in l'sait bien
qu'in n'a du qu'min

"Dé l' bière
Dé l' bière
Dé l' bière
in é de ch' nord
in l'sait incor
malgré l'mondialisation
in na pas perdu éch seinse du houblon
in a rien perdu
del fierté d'nou nom"

éne bière
cha nous fait pas vire
ché p'tites z'étoiles
mais cha hisses nos voiles
R'donne du tonus

éne bière
A ch'bistrot du coin
Just' éne bonne bière

pou és sintit bien
intre copains

"Dé l' bière
Dé l' bière
Dé l' bière
in é de ch' nord
in l'sait incor
malgré l'mondialisation
in na pas perdu éch seinse du houblon
in a rien perdu
del fierté d'nou nom"

Mes camarates d'awant

Mes camarates d'awant
In z'croize é temps zintant
I font ché gins pressés
Ou pu loin vont passer

Su ché ban d'nos écoles
In éto dins l'même bain
N'avo ché mêmes zidoles
N'allo su l'même quémin

Jo fais aussi d'z'études
Mais j'su r'vénu ichi
J'su pu d'leu latitude
Ché pu l'même galaxie

Mes camarates d'awant
In z'croize é temps zintant
I font ché gins pressés
Ou pu loin vont passer

Jo jamais fais l'biau
Pou monter tout in haut
Pas tout léché tomber
Jamais rien falsifié

Pou eux j'su de l'racaille
Cha min péche pas d'ronfler
J'a l'santé et l'marmaille
El vie m'fait toudis rêver

Mes camarates d'awant
Rigolent ti toudi autant
J'mi's'ro pas mes derniers francs
Su mes camarates d'awant

Mes camarates d'awant
In z'croize é temps zintant
I font ché gins pressés
Ou pu loin vont passer

Mes camarates d'awant
Rigolent ti toudi autant
J'mi's'ro pas mes derniers francs
Su mes camarates d'awant

Eine goutte é d'pinard

au début i coyautent é qu'chéto d'l'intox
mais a s't'heure i z'appelent cha é « ch'french
paradoxe »
ché pas dure à traduire ch'qui veulent dire
des gins qu'y'aiment é ch'pinard é qui sin vont
bien plus tard
é qu'ché garnouilles qui s'inrouiltent

"eine goutte é d'pinard
tous les jours au soir
ché bin pu sain qu'un somnifère
ché bin moins quère qu'chés sports divers"

i sont in train d'payer d'zuniversitaires
pou comprinte ch'k'yo d'sacrémin malin dins
ch'rogin
qui lubrifie à ch'point nos artères
bien mieux qu'eine pleine cuillère et d'régime
weight wather
bien mieux même qu'une longue prière

"eine goutte é d'pinard
tous les jours au soir
ché bin pu sain qu'un somnifère
ché bin moins quère qu'chés sports divers"

El polka d'chés sarko

Al passe pas à l'radio
El polka d'chés sarko
al passe pas à l'radio
l'polka del Place Beauvau
Ché à l'Elysée
qui peuvent el danser
El polka d'chés sarko (bis)

Dans c'te danse futuriste
Su l'piste
Y'a qu'un artiste
Et su l'piste
Al s'amuse
Celle quin appelle es muse
Al s'amuse
Un pus un cha fait deux arrivistes
Al compte é z'arrivistes
Z 'arrivistes arrivés sur l'piste
Après ch'dernier sondage
Après ch grand naufrage
D ches concurrents
D ches con-currents

Al passe pas à l'radio
El polka d'chés sarko
al passe pas à l'radio
l'polka del Place Beauvau
Ché à l'Elysée
qui peuvent el danser
El polka d'chés sarko (bis)

Si o passez par Neuilly
Certaines nuits
Y'a comme un bruit
Un Bruit permis
Ché l'clan
Qui s'prend un peu d'bon temps
Ché l'clan
De ch'quatiau Q.G Neuilly dins yau
In bas c'hé pas prolo
T'as ches Sarko d'in bas et ceux dins yau
To l'choix mais faut qu'té soué Sarko
In dit qui glorifie
Chés compétents
chés com-pétents

Al passe pas à l'radio
El polka d'chés sarko
al passe pas à l'radio
l'polka del Place Beauvau
Ché à l'Elysée
qui peuvent el danser
El polka d'chés sarko (bis)

Quind ché bulles an n'sont plus rontes

Quind ché bulles
An n'sont plus rontes
J'té ravisse tout attendri
Et pis j'me dis
Qui sont ridicules
Ceux qui t'trouve'tent immonde
Em n'ami el monde

> *Ech monde*
> *Quind ché bulles*
> *An n'sont plus rontes*
> *ech monde*
> *il est biau*
> *Il est biau*
> *comme ché batiaux*
> *qui sont sous liau*

> *ech monde*
> *Quind ché bulles*
> *An n'sont plus rontes*
> *ech monde*
> *resplendit*
> *Resplendit*
> *comme ché caddies*
> *ein d'ché sam'di*

Quind ché bulles
An n'sont plus rontes
Jem ballade toute el nuit
Et pis j'me dis
Et qu'j'au é'd'z'amis
Ed vrais z'amis pou el vie
Ech cris "vive el vie"

Quind ché bulles
An n'sont plus rontes
J'té ravisse tout attendri
Et pis j'me dis
Qui sont ridicules
Ceux qui t'trouve'tent immonde
Em n'ami el monde

Ech monde
Quind ché bulles
An n'sont plus rontes
ech monde
il est biau
Il est biau
comme ché batiaux
qui sont sous liau

ech monde
Quind ché bulles
An n'sont plus rontes
ech monde
resplendit
Resplendit
comme ché caddies
ein d'ché sam'di

Et bin voilà
O savez pourquo
Quind je l'perds em foi
ou em z'illusions
Souvins e'je vous répond
Laissez-me picoler en paix
Laissez-me picoler en paix
Laissez-moi

Parce que ch' monde
é j'veux l'vir tout biau
biau comme ché batiaux
comme ché batiaux
qui sont sous liau...
qui sont soulos

Ech monde
Quind ché bulles
An n'sont plus rontes
ech monde
il est biau
Il est biau
comme ché batiaux
qui sont sous liau

ech monde
Quind ché bulles
An n'sont plus rontes
ech monde
resplendit
Resplendit
comme ché caddies
ein d'ché sam'di

El vie qu'in o cru

t'au cru tout ch'qu'in tau dit
t'au cru tout ch'quiéto écrit
mais s'soir ché cafard
seul su tin plumard
té peut pas t'impécher
é d'maudire
tous ches ronds d'cuire
qui t'fir suire el vie
de ch'coté é d'l'ennui

*"el vie
ché pas toudit
comme yé écrit
din* ches *manuels
ché manuels officiels
qui font d'chés hommes
des matricules
qu'in em... baume
qu'in manupule"*

t'au bu comme du p'tiot lait
sans jamais ram'ner tin nez
tous leux grands discours
su ches grands biaux jours
qui devotent arriver
tout quanger
récompincher
tous ches z'honnêtes gins
qui font el genre humain

63

"el vie
ché pas toudit
comme yé écrit
din ches *manuels*
ché manuels officiels
qui font d'chés hommes
des matricules
qu'in em... baume
qu'in manupule"

té ravisse quéques photos
té trouf é qu'to été biau
mais t'auro aimé
mieux in profiter
connête des jours é d'fête
éte vedette
vire du pays
pas toudis tout gris
déchinte in Italie

"el vie
ché pas toudit
comme yé écrit
din ches *manuels*
ché manuels officiels
qui font d'chés hommes
des matricules
qu'in em... baume
qu'in manupule"

Ti aussi

Té r'venu dins tin villache
E cha ta fait tout drôle
Quind t'a compté
Ché gins qu'té connaiché
I n'a moins d'bout su leu guiboles
E qu'bien à plache
Din leux dernières planches

"Cha f'so pourtant
A peine dix ans
E qu't'éto parti
Vire du pays
Cha f'so pourtant
A peine 10 ans
Yo passé i chi
Comme un ouragan
Ti aussi té vieilli
Ti aussi té vieilli"

Des gosses qu't' avo jamais vu
T'ont ravisé comme un vi-u
Té l'es pou eux
Vu qu'té perd té k-veux
Bin ches tout c'qui z'ont ar'ténu
E tin passache
Dins nous villache

"Cha f'so pourtant
A peine dix ans
E qu't'éto parti
Vire du pays

Cha f'so pourtant
A peine 10 ans
Yo passé i chi
Comme un ouragan
Ti aussi té vieilli
Ti aussi té vieilli"

Jo bien vu à t'tête ch'nuache
Quind to r'pris tin bagache
R'pris tes voyaches
J'sais bien qu'té demando
Qui t'arvéro qiuand t'arviendro
Que circonstance
Tramén'ro in France

"Cha f'so pourtant
A peine dix ans
E qu't'éto parti
Vire du pays
Cha f'so pourtant
A peine 10 ans
Yo passé i chi
Comme un ouragan
Ti aussi té vieilli
Ti aussi té vieilli"

Du loto à l'canchon

Puto équ'passer tes journées dins z'équations
A r'tourner tes formules à la con
Ein espérant dégoter ches casses à cocher
Mais ein tombant toudis à coté
Té f'rait mieux d'm'écrire eine canchon
J'té d'mande pas qualle soit belle
Juste qu'alle rapporte des millons
To qu'a faire un truc genre Cabrel

"El canchon ché aussi eine lot'rie
In raconte es vie
Et ein sait pas pourquo
Cha va plaire ou quère à z'oubliettes
Ein sait pas pourquo
Ein s'ra r'gardé dins yo ou ein vedette"

Jo di ame femme qu'al avo bin des droles
d'idées
Ji o dit jo « rien a raconter »
A mo répondu « bin to d'ja un point commun
Avec tous ches canteux qu'in intint »
A mo acaté ch'dionnaire
Avec ches rimes toutes prêtes
Paraît qu'ché comme cha qu'faut faire
Même pou eine valse_ musette_

"El canchon ché aussi eine lot'rie
In raconte es vie
Et ein sait pas pourquo
Cha va plaire ou quère à z'oubliettes
Ein sait pas pourquo
Ein s'ra r'gardé dins yo ou ein vedette"

Jo ouvert min dictionnaire à l'page
fonctionnaire
Cha peut rimer avec missionnaire
Tout dépint de l'position qu'in veut adopter
Constater ches faits ou bien s'moquer
J'voulo l'avis d'michel drucker
Ché quéquin à qui faut plaire
Si in veut êtes millionnaire
Jo pu ayoir que s'secrétaire

"El canchon ché aussi eine lot'rie
In raconte es vie
Et ein sait pas pourquo
Cha va plaire ou quère à z'oubliettes
Ein sait pas pourquo
Ein s'ra r'gardé dins yo ou ein vedette"

Cha paraît pourtant moins compliqué qu'traine
eine vaque
Ein s'dit qu'ya pa b'soin d'ayoir sein bac
Quind ein fait attention à ch'texte é ches
canchons
Qu'in ingurgite à l' télévision
Mais quind in é d'vant ein page blanque
L'tintation dé z'équations
R'vient quind y'a eine rime qui manque
Qu'est-ce qu'in fro pas pou du pognon

"El canchon ché aussi eine lot'rie
In raconte es vie
Et ein sait pas pourquo
Cha va plaire ou quère à z'oubliettes
Ein sait pas pourquo
Ein s'ra r'gardé dins yo ou ein vedette"

Pa chès coucougnettes

É ch'té tiens
É té m'tiens
Pa chès coucougnettes
El premier
É d'nou deux
Band'ra
É s'met ein levrette

Adaptation La barbichette

(l'utilisation publique, même d'un texte aussi
court, nécessite une déclaration sacem)

Mort comme Félix Faure

I Y'est mort
Comme Félix Faure
É t'qui in dira
Qu'y est mort
comme Félix Faure
Qu'y est mort
Din l'exercice é d'ses fonctions

Pindant un rencart galant
Monsieur é ch'président
Qu'in croyo in réunion
N'a pas r'çu l'absolution

I Y'est mort
Comme Félix Faure
É t'qui in dira
Qu'y est mort
comme Félix Faure
Qu'y est mort
Din l'exercice é d'ses fonctions

Qui sera el belle intrigante
Eine friquée remuante
Après l'pont d'or é d'chez éditeurs
Pou ses mémoires el la primeur

I Y'est mort
Comme Félix Faure
É t'qui in dira
Qu'y est mort
comme Félix Faure

Qu'y est mort
Din l'exercice é d'ses fonctions

1899
année symbolique
où ch'président d'el République
meurt d'un rencart érotique

I Y'est mort
Comme Félix Faure
É t'qui in dira
Qu'y est mort
comme Félix Faure
Qu'y est mort
Din l'exercice é d'ses fonctions

3 buts à l'récrée

I sin fout, é s'mère alle peut l'ingueuler
À cause é d'sin futard troé
I sin fout, y'a marqué troué foués à l'récrée

É ch'min fou, é m'mère alle peut m'ingueuler
À cause é d'min futard troé
Éch m'in fout, j'o marqué toué foués à l'récrée

É hirondelles

Ché t'elle qu'annonçeutent ch' printemps
Chéto y'a pas longtin
Chéto eine nuée
Su chés fils électriques
Et toute elle journée
Chéto éme n'Amérique

Z'arviendront-elles din nos cours
É hirondelles des biaux jours
Où qual sont ? Où qual sont ?
Ché ribambelles d'hirondelles

Chaque printemps toudi moins d'ailes
É qu'l'année précédente
É d'belles zélégantes
É d'nos jours vir deux zaïres
On o peut pou elles
Pour ès frêle arc-en-ciel

Z'arviendront-elles din nos cours
É hirondelles des biaux jours
Où qual sont ? Où qual sont ?
Ché ribambelles d'hirondelles

Éche é zoneurs industrielles
Aine secrète querelle
Éche chés z'hommes cruels
L'fin des migrations
Su un archipel
Trinquilles comme chés gascons

Z'arviendront-elles din nos cours
É hirondelles des biaux jours
Où qual sont ? Où qual sont ?
Ché ribambelles d'hirondelles

Guinchons el sarkoline

Guinchons el sarkoline
Y'a pus d'pain chez nous
Y'in a chez l'rupine
Mais ché pas pou nous
You !

Guinchons el sarkoline
Y'a pas d'pinard chez nous
Y'in a chez la rupine
Mais ché pas pou nous
You !

Guinchons el sarkoline
Y'a du désir chez nous
Cha cogne chez la rupine
In vit d'peu chez nous
You !

Dédié à Florence Parisot

Parodie de chanson 1.30
Adaptation chanson traditionnelle : Dansons la
capucine

éoliennes du pas-de-calais

Cafougnettes

Huclier

Ein pourra pas sin impécher

Ein pourra pas sin impécher, pi cha fra tel min palisir à ché gosses. Bientôt tout s'ra possip alors faut s'y préparer. Ein fait tout ein cirque aveque é z'OGM mais tout cha din kékes zannées, cha apparaitro pou del rigolate.

I pourront tout faire ché scientifiques, é les pires, ché co cheux qui n'ont pas d'blouses blanques. I pourront tout faire, mélanger, moifier, greffer, trier, toute, é ch'té dit. Tout cha s'ra programmé su un ordinateur é i suffira d'kugir.

Ein pourra pas sin impécher, j'vous l'dis, pi cha f'ra tel'min plaisir à ché gosses : un ka qu'y a la parole. Même nous, ein préféra causer aveuc puto qu'avec no femme. I nous racon'tra ses aventures alors que ché femmes de ch'coté là, bon... arvénons à nos kas qui palent.

É pi faut dire, tant qu'ché gosses i discut'ront aeuc é ch'ka qui palle, i ravis'ront pas l'télé au moins. Quoique, mi j'vous dis, l'jour où ch'journal i s'ra présenté par un âne qui pale, tout l'monte i va l'raviser. A hi-han, nan ! Ché pas mi jia dit apart ché oreilles in verra pas l'différence.

Pasque bon, comme ein porra pas se n'impécher, pourquoi qui s'arrêtro là ?

Pou Noël, koi qu'té préfère, ein dalmatien aveuc el voix d'Brigitte Bardot ou un lapin qui vole ?

Cha s'ra marrant quind même. Si j'avo di à m'instituteur qu'un jour in allo vir cha, i mora cru fou.

Enfin, mi, quind même, j'espère vir cha et j'vo vous dire surtout pourquoué, à causse d'eine qui m'a dit : ter viendra quind ché gleines i z'auront des dins.

Alors mi ch'dit, quind ché ka i z'auront la parole, j'oué pas pourquoué ché glaines i z'aurotent pas la parole.

Ech l'homonyme

À ch'l'école, ch'l'école communale obligatoire, no passe temps favori, chéto d'rigoler du nom d'nos camarates, nos camarates qui zont pas été favorisés pas ch'tirache au sort de l'naissance. J'crois qu'ein a tous fait cha, plus ou moins suvant chés quartier pi suto chés noms. faut dire qu'yo des noms, ein s'demante commin i peuvtent zé porter.

Parfo ein zé déformo chés noms, quind i suffiso d'kanger eine lette pou rigoler. Pi y a ché noms d'bestioles, chéto facile, in bélo quind Mouton y'arrivo, in agoto nos bros comme é dz'ailes quind chéto LOISEAU.

Ein éto d'sacrés garnement, comme disétent ché viu. Ché pou min vosin qu'chéto l'pu dur. Ein n'ya fait vire.Rindez-vous compte, commin un gosse i pouvo survivif à l'ch'lécole communale aveux ein nom pareil : CHI - RAC.

Si t'es RAC ein l'air, cha r'tombro su tin nez. Mais si t'es CHI in l'air... ah, pof Chirac, ein n'y a fait vire.

Si t'es CHI in l'air... cha ché min père qui me l'avo soufflé. I sont incien din ch'villache, ché Chirac.

Ché min père qui m'l'avo soufflé chteu blaque mais min grand-père i m'o dit pu tard é qu'sin temps d'jà ché Chirac i z'aveutent droit à l'blaque. Chto donc eine é d'ché ritournelles qui s'passe é d'père ein fils pour faire, sans jeu d'mot ein, pour faire... chier ché vosins quoi.

Jacques Chirac qui s'app'lo min vosin.

Ses ennuis z'ont cangé d'nature, si ein peu dire, quind é'z'nomonyme, comme ein dit, enfin un aute Jacques Chirac, y'est dev'nu ministre. In so amusé à l'app'ler messieur el ministre. Mais bon, chéto d'jo pu pareil, ein avo grandi.

Après y'o été premier ministre é d'Giscard, ché dev'nu ein personnache. Pi durant deux ans ein o bien rigolé, aveuc ché gignols é d'l'info, sur le télé, banal+, du temps é d'Balladur su sin nuache. Mais non Jacquot, faut pas aoir peur é d'ses zamis é trente ans... qu'est-ce qu'in o rigolé aveux cha. comme des gosses quoi !
Ché à ch'momin là qu'y a du mette sin téléphone su l'liste rouche. A causse é d'chés p'tit plaisantins mais aussi d'chés journalistes qui voulote l'avis d'Jacques Chirac !

Y'a fallu qui s'habitue et nous aussi, à "monsieur l'président". Ein oro jamais cru cha. Un Chi-rac président !

Ein o même créé eine association "ché z'amis de ch'président". A l'préfecture, i zont pas voulu valider ch'lassociation. J'imagine é l'tête de ch'bureaucrate quind yo lu, président d'honneur : Jacques Chirac. Cha a du i gacher sin café. é yo du rimplir ein formulaire pou d'mander rindez-vous a sin supérieur. A coup sur ché r'monté jusqu'à ch'préfé. Y'a fallu qu'Jacques Chirac y'alle montrer é s'carte d'indentité à l'préfecture.

Mais si j'vous raconte tout cha, ché à causse de s'dernière aventure. Chéto pou vous planter ch'décor, comme ein dit.

Ein soir, min Jacques, il arrife al mason aveuc in p'tit plastique. J'y dis, in souv'nir é nou communale, é j'peux pas me n'imécher, j'y dis : j'espère é qu'té mo pas apporté é t'oeuf du matin. I rigole, é i m'répond ; bien miu qu'cha. Là y m'intrique. I m'intrique incore plus quind y'ajoute "ché in latex".

Ji répond : ein t'a dit qui n'avo eine nouvelle ché la madame Andrée.
Cha ché aussi ein souv'nir é no jeunesse, quind l'canchon é d'Jacques Brel, chéto ein peu no langache codé.

É comme cha, comme si de rien néto, i m'demante é d'martourner. Cha m'semble bizarre sin truc. I m'parle é d'latex é pi i m'demante é d'martourner, ja bo awoir eine bonne ceinture à min pantalon, in croit connaite chés gins mais ein é jamais sûr de chqui peut leur printe après deux pintes.
J'crois que m'n'hésitation as liso su min visache. Alors i rigole ein m'dizant :
- To riein à crainte, té sé bien qu'j'préféro toudis eine mauvaise chève qu'ein bon mouton.

83

Cha va pu loin qu'au pouvez-l'croire é s'remarque. Faut que ch'vous disse é qu'no vosin Ch'Mouton, i n'est, comme ein dit. I parrait même que ché un copain à l'aute qui dit tout l'temps "oh le bel homme, oh le bel homme", là j'vous au fait l'accent é d'Raymond Devos, pou cheux qui l'ont écouté ein diminche ché Jacques Chancel. "oh le bel homme, oh le bel homme", je sais, Raymond Devos ché pas min préféré din chés zimitations. Bref, rassuré, é ch'martourne.

I n'y a fallu qu'trente seconde.
"Artourne-te", qui m'o dit. é là, o zin croirez pas vos oreilles, qui j'avo d'vant mé ziu ? Jacques Chirac !

Jacques Chirac é ch'président d'la république !
É ch'vrai !

I m'a bien fallu deux minutes pou comprinte é qu'écho ein déguismin. Ein masque pu vrai qu'nature ein pourro dire.

J'avo d'vant mi Jacques Chirac aveuc é ch'masque é d'Jacques Chirac. Si quéquin i print é m'histoire ein route, i li comprint rien. Mais bon, j'vo pas r'commincher. Fallo arriver à l'heure.

Min Jacques Chirac yéto allé à Paris pour akater cha
- Quoi qu'té compte ein faire, ji dit, et t'présinter à chés municipales ?

I sourit. Pi y'o cominché à m'inquiéter sérieusmin quind y'o sorti d'sin sac ein autocollant jaune de l'grandeur d'eine plaque minéralogique é d'bagnole.

- Té comptes quind même pas attaquer eine banque pou t'payer des vacances su l'côte d'azur ?
I m'lo mi d'vant min nez, es plaque minéralogique. J'avo pas r'marqué, ché vous dire si j'éto perturbé : chéto sein numéro d'voiture.

Ein s'imaginez m'état : é d'vant mi Jacques Chirac aveuc é ch'masque é d'Jacques Chirac au point ch'crois vir Jacques Chirac é d'vant mi, qui monte un autocollant aveux sin numéro d'voiture. Ein s'pos'ro des questions pou moins qu'cha. I manqu'ro pu qu'Bernadette al téléphone. No Bernadette ché l'boulangère, qu'est-ce qu'in peut l'taquiner aveuc chés pièches jaunes.

J'arrvient à nou Jacques Chirac :
- In va coller cha su tes plaques,
Qui m'dit. Comme chi chéto tout naturel !
- Quoi, su les plaques de m'voiture !
Alors i m'ajoute :
- In sin va à Brias et ein coll'ra cha su tes plaques é d'voiture.

Comme j'compreno pas où i voulo in v'nir, i m'explique.
Brias, é ch'sais pas si o connéché, ché din

l'Pas-d-Calais. é ché là qui z'aveutent installé ch'premier radar automatique de l' région. Brias, sin radar, sin catiau, ses éoliennes, ein dit. Juste avant Diéval, ein v'nant d'St Po, din l'direction d'Bruay, juste avant ch'café AU BON ACCUEIL, su la droite, o véyez ? Bon, si o véyés pas ; ché pas graphe, o z'imaginez, cha marche aussi.

Et comme cha, in é allé jusqu'à Saint Po, ein a fait d'mi tour, ein sé arrêté din un p'tit qu'min et ein a collé ses numéros su mes plaques. J'su monté din ch'coffe, cha j'vous jure je l'conseille à personne, ché din ché momins là quin r'grette é d'pas mi-u intret'nir es voiture. Jacquot y'o mi sin masque é yo pris ch'volant. Je n'yavo peur, j'intindo chez roues comme si j'éto couché d'su. Faut dire que chéto l'cas. Cha a duré eine éternité. Même pas cinq minutes j'sais bien. Même din m'cachette jo vu ch'flash. Et i s'arrêto pas. Cha duré eincore eine éternité. Et v'lan, ein deuxième flash ! Là jo paniqué. Où j'su, y'a des flashs partout ! J'éto din l'coffre de m'voiture avec Jacques Chirac au volant !

Cha yé i s'arrêto infin. E ch'fou ! Y'éto pire qu'in gosse ! I connécho un p'tit qu'min pour rattraper el route qui vient d'Valhuon, contourner ch'radar. Et y'o r'passé eine deuxième foué, chéto cha ech deuxième flash. Yo r'tiré sin masque ses autocolants et jo r'pris ch'volant. J'éto bin soulagé quind in é rintré sans awoir rien cassé.

Pi y o fallu atteinte. Ein éto lundi soir, i s'réveillront donc mardi, 48 heures cha nous mène à jeudi... y'a fallu atteinte jusqu'à ch'lundi suvant ! 48 heures té parles. Heureusmin qu'in avo kék pack é d'bibine d'avanche !
127 et 132. Chéto limité à quatre-vingt-diche. Et deux belles photos é d'Jacques Chirac. Chirac é ch'président. Ché quind même bête eine machine, cha r'connait même pas sin président.
E aveux el photo dème woiture aveuc sin numéro.

Ché m n'heure é d'gloire, qui sa esclamé, Jacques, min président, li quavo d'ja essayé Graine é d'star, loft story, star nacadémy, enfin tout ché trucs où y'a pas b'soin d'awoir lu des bouqins pou ête sélectionné. Mais à chaque fois, ein y claquo : trop vi-u ! Ouais mais j'm'appele Jacques Chirac. Au suivant !

Ché m n'heure é d'gloire, qui sa esclamé, ché pas ch'qui n'y'a pris in vieillichant, mais ché arrivé in 1995, quind s'n'homonyme y é intré à l'Elysée, y'a voilu awoir é s'n'heure é d'gloire. Pourquoué li et pas mi, qui répondo tout l'temps quind in i d'mando éch pourquoi du kes.

I s'voyo d'ja à ch'journal é d'vingt heures, arsu par PPDA. O vous souv'nez é d'PPDA ?

Yo app'lé TF1, yo toudis eu eine machine, si o voulez vous inscrire à qui veux gagner des millions, tapez 1, si o voulez assister à eine émission, tapez 2, et à la fin quind même, si o voulez joindre el rédaction. Alors i patiento avec eine musique. Mais chéto pas ein numéro gratuit, ché to même un surtaxé qui i distent. I no dépinsé dé sous ! Et yo jamais réussi à causer aveuc un humain.

Alors yo vu moins grand, yé allé vir chés journalistes dé ch'journal.

- In est débordé, in est débordé.

Ch'l'RC Lens yavo gagné el veille !

Final'min ya réussi à s'expliquer aveuc ein stagiaire. Qui lo ravisé comme ein extraterrestre. I compreno pas. I voyo l'photo d'Jacques Chirac é ch'mec d'vant yi diso qu'Jacques Chirac ché li, "in comprenez, mais j'su pas ch'président, sinon cha saurait, é la, ché l'photo de ch'président".

Final min sin stagiaire i n'ya avoué kiéto stagiaire in comptabilité, é lé allé vir si un journaliste pouvo l'arcewoir.

Yo dû bien s'expliquer ch'gamin, ché ch'rédacteur in chef qu'y'est déchindu.

- In plus mi ja eine clio blanque, é là, in voyé bien ché eine 205 noire.

é ch'journaliste i s'demando chi chéto du lard ou du pourchio.

Mi ch'croué qui so dit qu'chéto eine sardine trop grosse pou s'canne à péque.

Surtout qu'sin journal, i v'no d'ete racaté pa ein grand groupe é d'Paris, é i devo espérer eine promotion. Au moins d'pas êt viré. Yo répondu :
- é j'vous coneille d'aller à ch' commissariat. I z'arringeront vos affaires.
Ouais, chéto ein journaleux qui palleu patoué quind i savo pu quoué dire.

Y'avo rêvé d'TFI é y'avo qu'un p'tit commissariat, min Jacques. Mais i so pas dégonflé, i y'est allé sonner.
Sonner ouais. Pasqu'un rinte pas din ein commissariat comme din eine église, i faut sonner et coller s'n'oreille conte é ch'l'interphone.
- Commissariat de Vieux Condé, à qui ai-je l'honneur ?
Si eine caissière at parlo avec é ch'tintonation lo, ti laich'ro tes commissions su sin tapis.
Mais ein é ach commissariat. Ein é pas là pou rigoler. Ché pas l'voix d'la SNCF. Mi j'laime biin l'voix é d'l'SNCF, ein a toudi l'impression, même quind elle annonce que ch'train y a eine heure dar tard, qu'elle vient d'nous annoncer l'meilleure nouvelle du monte. Même ein déraill'mint aveuc 50 kapouts, al ein fro un couplet à l'Francis Cabrel.
Jacques i yéto artourné pou faire passer eine bille qui s'éto misse é t'travers quind l'aut i nio balancé s'honneur, et i répond :
- Jacques Chirac.
kéques secondes et d'silence puis :

- Commissariat de Vieux Condé, pourriez-vous répéter votre identité et indiquer l'énoncé de votre requette.
- Jacques Chirac. Au sujet deine erreur é d'vous part su ein PV.

kéques secondes et d'silence incore. Sur é qu'cha doué ête eine surprise, quind in est ein blanc bec é d'flic aveuc é ch'l'accent d'Marseille, quin s'artroufe din ch'nord surmin pasqu'in n'a pas su cocher ché bonnes casses à ch'l'examin, quin é chargé d'accueil, é quin matin kékin s'annonce comme Jacques Chirac. Surmin qui doit raviser l'télé, kesqui f'rait d'aute quind i travaille pas, i va quind même pas lire un lif, alors din ché cas-là, tout d'suite i doué pinser, ché ein ski-zo-no-ski-zo-frène qui va faire un carnache si je l'laisse intrer. Mais si chéto vrémin Jacques Chirac qui fait eine visite surprisse ?

El première question, cha été : "puis-je voir vos papiers, monsieur".
In a droué à "Monsieur" d'la part din flic, ché pas si o z'avez r'marqué mais mi, ja toudis l'impression dintinte "ducon". E p't'ête même que ché réciproque. Pasque mi j'réponds toudis "monsieur" à un flic. Eine foué ja osé « min général » mais cha so pas bien passé... ché eine aute histoire...

I za ravisés deux foués. Ses troués collègues aussi. Chéto eine évén'ment. Pi Jacques y'a expliqué é s'n'affaire Chirac. Qu'yavo r'su ein

PV, pas bête Jacquo, i n'avo pris qu'un é d'PV, y'avo quind même peur é t'sar trouver à poil din eine cellule aveuc eine lampe à 8000 volts din les y-ux et ein robinet qui fuit goutte à goutte juste à côté pou bien i taper su les nerfs. Li aussi i ravisse el télé. I s'attindo à un coup foireux, alors i m'avo donné l'aute, é mi j'lavo muché où jamais un flic i pins'ro à raviser. Jin dis pas plus, ein é p'tete écouté par chés grandes zoreilles.

Yé resté pu deine heure à expliquer, pi réexpliquer à un aute, é sn'histoire. Même à ch'ti qu'ché zotes i zavaient l'air é d'raviser comme é ch'grand chef. Y'est parti avec ech'PV, y'est r'vénu un quart d'heure pu tard.
- Ne vous inquiétez pas, monsieur Chirac, vous n'avez pas à payer les 150 euros normalement indispensables pour contester. Je m'occupe en personne de votre dossier.

Deux jours pu tard, el même chef, intouré é troués balèzes, i débarquo ché ch'président.
- Vous savez qu'usurpation d'identité, ça peut aller loin. Le laboratoire de la police nationale, a détecté qu'il s'agit d'un masque.
I ya pas paniqué é ch' président, yavo prévu qu'cha pouvo arriver, é yavo s'réplique toute prête :
- El voiture aussi, al avo un masque ?
- La voiture ?
Qui répond l'aute, surmin surpris que ch'président i s'écrasse pas, il ravisse même

din les yu, ché eine technique qu'on doué leur apprinte pou nous impressionner.

- Em voitrure, ché eine clio blanque, é chel delle photo, si alle o un masque, al y o ein masque é d'250 noire. O m'racontez des carabistouilles. J'va aller vir ein avocat. é ch'chef i s'grato sin képi. Et finalmin :
- Nous avons besoin du deuxième PV.
- Quoi ko m'raconter cor ?

I sinto ein position d'force, y'avao bien vu que ch'mot avocat, cha l'avo inbêté é ch'chef.
- Vous nous avez apporté le PV de votre infraction de 21h43.
Jacques i li lécha pas l'temps d'terminer.
- Em n'effraction, mais jo pas commis d'effraction. Chu Jacques Chirac mais j'su pas président d'la République, sinon o s'rête pas d'vant mi ! Sinon j'pinse pas ko racontrétent des carabistouilles comme cha.
Ech chef s'énerve pas. Un chef cha do pas s'énerver surmin :
- Donc, disons que vous nous avez apporté le PV de l'effraction de 21h43. Mais vous avez reçu un deuxième PV, celui de 21h49.
- é lo, j'avo l'tête é d'Sarkozy quo z'allez m'faire croire, é jéto din eine mercedes verte ? Ché pire que ch'l'histoire dé ch'tracteur flasché à 150, vos carabistouilles, cha déconne complét'min.
- Vous m'affirmez donc ne pas avoir reçu de second PV.

- Oh s'êtes sérieux aveuc vos histoires é d'Sarkozy ein mercedes verte ?
- Vous voudriez bien vérifier votre courrier, monsieur Chirac. La situation m'oblige à vous informer que si vous ne coopérez pas avec la justice, nous pouvons demander un mandat de perquisition.
- Pour ar'trouver eine 250 noire et eine mercedes verte ?
I n'yo cloué sin bec, ech président. quind i si méto, yavo ein t'ché bagout. Y'auro pu faire homme politique. Choro été marrant. Un Chirac é t' Corrèze et un chti.
I sont allés insemble à l'boîte aux lettes, et i n'a pu eu d'nouvelle. Faut dire, i n'a pu eu l'temps.
Mais sin grand désespoir, ché qu'yavo fait toucha sans awoir es n'heure é d'gloire. Y'auro voulu les dire ses répliques, d'vant des millions é téléspectateurs. I n'a qui passent à l'télévision pou moins k'cha.

Un moué pu tard, is feso écraser par un chauffart sans permis, qui s'éto fait printe troués foués à ché radars automatiques mais qui continua d'rouler. I sin fouto, y'avo des sous. Ein o parlé d'li, d'min président, din ch'journal et même al télé, el faite qui s'appele Jacques Chirac, là cha z'intéresso ché journalistes.
Mais mi, mi kia l'aute PV, j'voulo qui connaisse el gloire.
Surtout qu'o devez aussi awoir des soupçons,

y'a eu Fernaud Raynaud, y'a eu Coluche, tués su la route, et après Jacques Chirac, si ché du hasard, ein peut dire que ché bizarre quind même.

Bref, mi kia l'aute PV, j'voulo qui connaisse el gloire. Car quind mêm, cha chéto d'l'humour, y'auro mérité bien plus que d'autes el légion d'honneur.

Mais ché vrais humoristes, ché toudis après leu mort qui sont r'connus.

Alors, allez su min site Internet, é o vérez Jacques Chirac flashé à 124 kilomètres heures su l'route é d'Brias, din eine 205 noire immatriculée comme eine clio blanque.

El bonne distince é d'Schopenhauer

Comme pas un bilouche ichi n'a fraternisé aveuc Schopenhauer, Arthur Schopenhauer… Oh ché pas in r'proche, personne ichi né responsape, vu q' Schopenhauer i nous o quitté in dix-hui chin xoixante y'avo ka atteinte si i voulo nous causer.

Bon, et comme personne ichi n'a lu ch'te Schopenhauer … enfin si kékin i lo lu, i peut aller dins chez VC chinques minutes, y'a l'permission.

Donc, pou cheux qui sont restés, y'a Ternoise, Stéphane Ternoise, qui nous za résumé et eine et tsé pinsées à ch'l'Arthur scho Schopenhauer. Sc'tin philosophe, allemand, pas Ternoise mais l'aute, Schopen et ché extrait é « maximes et pinsées » qui m'demante é d'préciser, pas Schope qui m'demante, j'ous o dit qui yest kapout é d'pis dix-huit chin é des poussières.
É ché eine histoire é d'porcs-épics.

Ouais, in ch'tin-lo, y'avo des philosophes qui siaitent dertes aussi kéques conneries mais o moins i z'observétent aulleurs qu'le télé avant d'causer. Bon ché pt'ête qu'yavo pas d'télé, là ché mi qui fait eine observation.

Juste pour dire qu'nos philosofeufeu et philosoneuneu i f'r'raient mieux din faire é d'même, d'observer avin d'sauser, et mets des noms d'philosofeuneuneu, yo BHL... BHL... oh connaissez N... toute manière i met sin nom in long intre parinthèze... koike y'écrit mal é ch'ternoise, BHL... Bazar Henri Le... vrette...

Mais ar'vénons à nous épique histoire é d'porcs-épics. O z'allez vir é qu'si o voulez l'raconter a vo tour, o pourrez fair emoins exotique et zé rimplacher par é zérichons.

Donc chéto in hivern é comme al savez, l'hiver é frisquet in Germanie, é chés porcs-épics, pou s'récoffer, é sérotent é zin contes é zotes...

Mais cha marcho pas, vu qui s'picotent à cause é d'leux épines. Alors i séparotent.

Mais quind i séparotent, i zavotent tro froué, alors i continuèrent le manéche des heures et d'zeures. I saproch'tent i s'piqu'tent i séloignetent. Un peu comme eine danse à l'Yannick Noah.

I firent cha jusqu'à tin qui trouveurtent el bonne distince intre eux. Assez près pou ayoir kio mais pas trop pou éviter de s'piquer.

Chéto eine imache, eine parabole. Eine parabole, pas comme al télé mais comme din s'écriture, din l'bible. Chéto eine imache é tché gins, qui s'rapproch'tent à cause dé ch'froué à l'intérieur d'leu tête, del solitude qui supportent pas. Mais qui s'éloigntent à cause é d'ché zinmmerdes qui no avec é zautes.

Trouver l'bonne distince. Ché cha l'pu

compliqué, chelle où l'vie aveux é zautes alle d'vint possipe. El bonne distince pour ché z'humain, pour Schope, Schopenhauer, ché l'politesse et l'courtoisie.

Zahia des corons et chès footeux

O devrètent arrêter é d'vous payer l'tête é d'chès footeux. Ouais, ché pas d'zintellectuels. Hé alors ! Ein leux d'mante pas d'awoir lu Freidériche Nicht, Ainsi parlo Zarathoustata.
Bon, ein leux d'mante pas non pu d'écrire, ainsi partouze Zahia des corons.

El sacem à Neuilly

Mes canchons, al sont al sacem. El sacem à Neuilly, pou chés z'auteurs et compositeurs. El sacem al féfint nos intérêts. quind j'dis nos intérêts, ché pou pas m'faire taper su mes doués. Pasque mi, chu qu'un p'tit auteur. El sacem, din ses plaquettes, al fait pas é discrémination, comme ein dit in politique. El sacem, ché eine démocratie. Eine démocratie é d'Neuilly, ici cha s'dit eine oligarchie. Pou été élu à ch'conseil d'administration del sacem, i faut ein éte, de ch'pépit clan qui ramasse éch pognon ein s'tenant pa l'barbichette avec chès majors dél music. É quind ein é élu, ein décide é d'chés loués.
I sont même pu fort que ch'parlement pou niquer ché paufes. I zont même trouvé ch'moyen é d'garder chés sous é d'cheux qui n'ont presque pas é d'droit d'auteur aveux leu mode é d'clacul et leu amitié aveuc chés diffuseurs. Cha s'appele el COTISATION SACEM.
Si t'as doué à des sous, i t'prennent 7 eurs plus chès charges. É i t'payent que si ch'total y'est à plus d'20 euros. Si cha fait moins, el fois d'après t'arprennent 7 euros et cha continue comme cha jusqu'à tant qui t'aient tout confisqués !
Pi à z'élection de ch'conseil d'administration, non seul'min té peut pas t'présenter mais si t'a eine voué comme ein démocratie, chez nantis, eux i n'ont 16 !

Ché cha l'démocratie à Neuilly, din l'rue du Général de Gaulle, pas loin del mairie où nou Nicolas Sarkozy yo aprint el musique politique.

Lorie et Raffarin

Ein est toudi à l'écoute quind à l'télé y'a Raffarin. Rigolez pas ! Jean-Pierre Raffarin... y'a a été no premier ministre, 3 ans même ! Mais nan, y'est pas mort, ché Raymond Barre qu y est mort... ché vrai qui pouvait les confonde... Pas que d'dos... Raffarin... el fan é d'Johnny et d'Lorie, é ch'ti qu y avo rpris à Lorie esse « *positive attitude* »...
É d'pi qu'Lorie a quangé l'contenu deusse positive attitude, avec sin « *où tu n'oses pas* », j'aimero bien quin interroge Raffarin su l'sujet.
Comme la Lorie, Raffarin a évolué : y'est passé d'premier ministre d'Chirac à serveur é d'Sarkozy.
Ché vrai, j'aimerais l'intinte fredonner du Lorie. « *l'autre côté de moi, s'éveille en silence, je t'emmène où tu n'oses pas* »...

101

Qui de l'glaine ou de ch'l'œuf ?

Même quind chés scientifiques ont l'réponse, chés gins d'chés villaches on le dit pas la vérité.
Qui de l'glaine ou de ch'l'œuf y'est arrivé el preume su terre ?
El glaine vient de ch'l'œuf et ch'l'œuf vient d'el glaine, cha même chè gins d'chés villes y l'safe.
Mais qui de l'glaine ou de ch'l'œuf y'est arrivé el preume su terre ? ché incore eine question qu'on posse alors qu'in devro pu d'puis nou bon Charles Darwin.
Charles Darwin, 1809 - 1882, elle théorie évolutionniste qui n'a jamais plus à chés curés. Ein résumé : des mutations génétiques créent é d'nouvelles z'espèces et l'sélection naturelle conserve les plus adaptées. Ein est les plus adaptés, nouzote è z'humains ! Si si !

Donc, ché simpe : eine aute espèce, disons truc, al a pondu un œuf et au lieu d'naîte un gosse truc, eine mutation génétique est passée par là et eine glaine est apparue, eine vraie poule qui pouvo esse reproduire avec ses cousins masculins de ch'l'espèce d'où proveno el mutation.
Ou alors, plusieurs mutations génétiques se sont réalisées din l'même bête truc, qui pond et se r'trouve avec eine couvée d'pouchins, qui sin sont donné à cœur joie insuite.

Din ch'l'espèce des glaines, ech l'œuf fut donc el premier. Et l'espèce truc, coïc, disparue.

Mais comme ein ignore l'espèce truc, i s'trouv'ra toudi quequ'un pou nous gâcher note raisonnement et avancher qu'eine espèce truc a accouché, après mutation génétique, d'eine glaine et d'un co, el nouvelle espèce où ch'co fécondait et l'glaine pondait pis couvait. Et qui urent é d'nombreux pouchins.

Certains prétindront p't-ête même que chès glaines ont gagné ch'combat de l'espace vital car elles z'avaient des dints !

Avec mauvaise foi, pou combatte no rigueur d'analyste, certains os'ront peut-ête aller jusqu'à ch't'extrémité. Ainsi, dans l'espèce des glaines, el glaine poule auro été la première ! Ou ch'co même ! Sorti trente secondes pus tôt par un écureuil tant qu'on y est !

Si ct'hypothèse loufoque était recevape, nous n'saurions toudi pas qui de chef l'œuf ou d'el glaine yo été el preume su terre !

Mi, j'affirme, avec el conviction du chroniqueur chti pas même scientifique, que dans ch'l'espèce é d'chés glaines, chef l'œuf el preume.

Comme pou chez humains, eche gosse !

Qui dé ch'ka ou dé ch'l'œuf ?.. ché eine aute histoire...

Versant numérique...

http://www.ecrivain.pro essaye d'être complet, avec un "blog" (je préfère l'expression "une partie des chroniques"). Mais il ne peut naturellement pas copier coller l'ensemble des textes présentés ailleurs. En ebooks, mes principales publications peuvent se diviser en trois "domaines" : romans, essais, pièces de théâtre (il existe aussi des recueils de chansons et des livres de photos de présentation du Sud-Ouest).

Comprendre le développement numérique de la littérature m'a permis d'obtenir les sites :

http://www.romancier.net

Peut-être un roman autobiographique y est à la une. Ce sont les lectrices et lecteurs qui décident de la vie d'une œuvre. Ce roman bénéficie d'excellentes critiques, régulières... mais ventes lentes ! Un roman sûrement plus difficile d'accès que la moyenne. Pour un lectorat exigeant. La formation d'un écrivain ? La résilience, passée par l'amour, les amours.

http://www.dramaturge.net

Mes pièces de théâtre sont désormais parfois jouées. Elles sont toutes disponibles en ebooks.

http://www.essayiste.net

Le monde de l'édition décrypté, comme dans *Écrivains, réveillez-vous !* - *La loi 2012-287 du 1er mars 2012 et autres somnifères* ou *Le livre numérique, fils de l'auto-édition.* Mais aussi l'amour analysé dans une perspective stendhalienne avec création du concept de sérénamour, *Amour - état du sentiment et perspectives* et la politique nationale, ses grandes tendances, ses personnages principaux...

Catalogue numérique :

Romans : (http://www.romancier.net)
Ils ne sont pas intervenus (le livre des conséquences) également en version numérique sous le titre Peut-être un roman autobiographique
La Faute à Souchon ? *également en version numérique sous le titre* **Le roman du show-biz et de la sagesse (Même les dolmens se brisent)**
Liberté, j'ignorais tant de Toi également en version numérique sous le titre Libertés d'avant l'an 2000)
Viré, viré, viré, même viré du Rmi
Quand les familles sans toit sont entrées dans les maisons fermées
Ebook : trois romans pour le prix d'un livre de poche

Théâtre : (http://www.theatre.wf)
Théâtre peut-être complet
La baguette magique et les philosophes
Quatre ou cinq femmes attendent la star
Avant les élections présidentielles
Les secrets de maître Pierre, notaire de campagne
Deux sœurs et un contrôle fiscal
Ça magouille aux assurances
Pourquoi est-il venu ?
Amour, sud et chansons
Blaise Pascal serait webmaster
Aventures d'écrivains régionaux
Trois femmes et un amour
La fille aux 200 doudous et autres pièces de théâtre pour enfants
Théâtre pour femmes
Pièces de théâtre pour 8 femmes

Onze femmes et la star
Ebook pas cher : 15 pièces du théâtre contemporain
pour le prix d'un livre de poche

Photos : (http://www.france.wf)
Montcuq, le village lotois
Cahors, des pierres et des hommes. Photos et commentaires
Limogne-en-Quercy Calvignac la route des dolmens et gariottes
Saint-Cirq-Lapopie, le plus beau village de France ?
Saillac village du Lot
Limogne-en-Quercy cinq monuments historiques cinq dolmens
Beauregard, Dolmens Gariottes Château de Marsa et autres merveilles lotoises
Villeneuve-sur-Lot, des monuments historiques, un salon du livre... -Photos, histoires et opinions
Henri Martin du musée Henri-Martin de Cahors - Avec visite de Labastide-du-Vert et Saint-Cirq-Lapopie sur les traces du peintre
L'église romane de Rouillac à Montcuq et sa voisine oubliée, à découvrir - Les fresques de Rouillac, Touffailles et Saint-Félix

Livres d'artiste (http://www.quercy.pro)
Quercy : l'harmonie du hasard - Livre d'artiste 100% numérique

Essais : (http://www.essayiste.net)
Le manifeste de l'auto-édition - Manifeste politico-littéraire pour la reconnaissance des écrivains indépendants et une saine concurrence entre les différentes formes d'édition

Le livre numérique, fils de l'auto-édition
Écrivains, réveillez-vous ? - La loi 2012-287 du 1er mars 2012 et autres somnifères
Aurélie Filippetti, Antoine Gallimard et les subventions contre l'auto-édition - Les coulisses de l'édition française révélées aux lectrices, lecteurs et jeunes écrivains
Le guide de l'auto-édition numérique en France (Publier et vendre des ebooks en autopublication)
Réponses à monsieur Frédéric Beigbeder au sujet du Livre Numérique (Écrivains= moutons tondus ?)
Comment devenir écrivain ? Être écrivain ? (Écrire est-ce un vrai métier ? Une vocation ? Quelle formation ?...)
Amour - état du sentiment et perspectives

Ebook de l'Amour
Copie privée, droit de prêt en bibliothèque : vous payez, nous ne touchons pas un centime - Quand la France organise la marginalisation des écrivains indépendants

Chansons : (http://www.parolier.info)
Chansons trop éloignées des normes industrielles
Chansons vertes et autres textes engagés
68 chansons d'Amour - Textes de chansons
Chansons d'avant l'an 2000
Parodies de chansons (De Renaud à Cabrel En passant par Cloclo et Jacques Brel)

En chti : (http://www.chti.es)
Canchons et cafougnettes (Ternoise chti)
Elle tiote aux deux chints doudous (théâtre)

Politique : (http://www.commentaire.info)
Ce François Hollande qui peut encore gagner le 6 mai 2012 ne le mérite pas (Un Parti Socialiste non réformé au pays du quinquennat déplorable de Nicolas Sarkozy)
Nicolas Sarkozy : sketchs et Parodies de chansons

Bernadette et Jacques Chirac vus du Lot - Chansons théâtre textes lotois
Affaire Ségolène Royal - Olivier Falorni Ce qu'il faut en retenir pour l'Histoire - Un écrivain engagé, un observateur indépendant
François Fillon, persuadé qu'il aurait battu François Hollande en 2012, qu'il le battra en 2017 (?)

Notre vie (http://www.morts.info)
La trahison des morts : les concessions à perpétuité discrètement récupérées - Cahors, à l'ombre des remparts médiévaux, les vieux morts doivent laisser la place aux jeunes...
Cahors : Adèle et Marie Borie contre Jean-Marc Vayssouze-Faure - Appel à une mobilisation locale et nationale pour sauver les sœurs Borie...

Jeux de société
(http://www.lejeudespistescyclables.com)
La France des pistes cyclables - Fabriquer un jeu de société pour enfants de 8 à 108 ans

Autres :
La disparition du père Noël et autres contes
J'écris aussi des sketchs
Vive les poules municipales... et les poulets municipaux - Réduire le volume des déchets alimentaires et manger des œufs de qualité

110

Œuvres traduites :

La fille aux 200 doudous :
- *The Teddy (Bear) Whisperer* (Kate-Marie Glover) - Das Mädchen mit den 200 Schmusetieren (Jeanne Meurtin)

- Le lion l'autruche et le renard :
- How the fox got his cunning (Kate-Marie Glover)

- Mertilou prépare l'été :
- The Blackbird's Secret (Kate-Marie Glover)

- *La fille aux 200 doudous et autres pièces de théâtre pour enfants (les 6 pièces)*
- La niña de los 200 peluches y otras obras de teatro para niños (María del Carmen Pulido Cortijo)

Catalogue complet des ebooks de Stéphane Ternoise sur http://www.ecrivain.in ou sur les plateformes qui le distribuent.

Les romans (http://www.romancier.org)

Le Roman de la Révolution Numérique

2013. Un roman toujours invisible, absent des chroniques littéraires, car comme le résume Alain Beuve-Méry, « *Tout dépend de la maison d'édition dans laquelle vous êtes édité, et du travail fait en amont par les attachés de presse auprès des journalistes et des jurés littéraires.* » Il fut sous-titré "Hors Goncourt 2013." Car l'auteur connaît le système ! C'est d'ailleurs cette France de l'édition le décor principal, avec Kader Terns, le premier "auteur" français ayant annoncé « *j'ai vendu 10 000 ebooks sur Amazon.fr* ». Après son "incroyable succès", le petit caïd du 9-3 était descendu dans le Lot pour m'y rencontrer. Je devais rédiger ses mémoires, statut peu glorieux du nègre. Il faut bien bouffer !

Ils ne sont pas intervenus (le livre des conséquences)

Le cinquième roman, aussi le plus personnel, avec quelques clés de l'enfance...
La lutte contre le déterminisme familial et social...

C'est sous le titre *Peut-être un roman autobiographique* que ce texte a trouvé un véritable public en numérique, surtout sur Amazon.

Viré, viré, viré, même viré du Rmi !

Un court roman, social, librement inspiré de ma période rmiste, avec même quelques documents officiels du système administratif français.

Quand les familles sans toit sont entrées dans les maisons fermées

Roman se déroulant dans le sud-ouest de la France, où de nombreuses résidences secondaires sont "revitalisées" par des jeunes sans toit. Roman social mais aussi une histoire d'Amour, avec la mystérieuse Séverine, venue d'un pays de l'Est en croyant posséder un visa d'étudiante mais tombée dans une filière...

La faute à Souchon ?

Le roman le plus commenté. Même une lettre recommandée de l'avocat de Francis Cabrel et Richard Seff...

Que vivre quand, à vingt-cinq ans, *la vie professionnelle* devient invivable ? L'Amour ? Du passé... et pourtant quand aux *rencontres d'Astaffort*, apparaît Marjorie... Astaffort ? Reflet de la variété, réussite marketing de Francis Cabrel ou chance pour les créateurs ?... Et Alain Souchon, omniprésent, ou presque, symbole d'une époque...

Libertés d'avant l'an 2000 (version 1 : Liberté, j'ignorais tant de Toi)

Un roman pour comprendre une époque. Où même les mots perdent leur sens. Une époque où seuls les installés pouvaient agir mais ne le souhaitaient pas, préféraient profiter des avantages en essayant de les transmettre à leurs enfants.

11   Canchons

77 Cafougnettes

Mentions légales

Site officiel : http://www.ecrivain.pro

Présentation des livres essentiels :
http://www.utopie.pro

Papier ou pixels ?

http://www.livrepixels.com
http://www.livrepapier.com

Photo de couverture : le beffroi d'Arras, en avril 2010. J'étais alors repassé Rue des Trois Visages, où j'ai vécu de 1989 à 1992.

ISBN 978-2-36541-482-1
EAN 9782365414821

Canchons et cafougnettes (Ternoise chti), de Stéphane Ternoise
Dépôt légal à la publication au format ebook du 13 juillet 2011
Imprimé par CreateSpace, An Amazon.com Company pour le compte de l'auteur-éditeur indépendant.
livrepapier.com

© **Jean-Luc PETIT - BP 17 - 46800 Montcuq**
28 novembre 2013

www.ingramcontent.com/pod-product-compliance
Lightning Source LLC
Chambersburg PA
CBHW072019060426
42446CB00044B/2944